中国国家博物馆
历史文化系列丛书

牛事如意

辛丑牛年迎春文化展

王春法 主编

北京时代华文书局

中 国 国 家 博 物 馆
NATIONAL MUSEUM OF CHINA

中国国家博物馆
历史文化系列丛书

牛事如意
辛丑牛年迎春文化展

策展团队

学术顾问：白云翔

策 展 人：翟胜利

策展助理：王小文　王　辉

内容设计：赵玉亮　翟胜利　罗　翔

空间设计：洪　恩

平面设计：郭　青　赵　镭　邓瑞平　王欣然

展览协调：苏凤宁

藏品保障：赵玉亮　王小文

数据保障：杜亚妮　齐　晨　张赫然
　　　　　李　洋　苑　雯

文物保护：马立治　王志强　牟　炜　洪　巍
　　　　　张鹏宇　王　博　晏德付　吕　强

文物点交：张　运　罗　昊　王　辉
　　　　　孙　博　李少华　胡佳奇

文物加固：郭军朝　吴　迪

新闻传播：陈　拓

公共教育：王松楠

安全保卫：辛　迪

财务联络：吕文思

设备保障：王卫军

中国国家博物馆

历史文化系列丛书

牛事如意

辛丑牛年迎春文化展

前　言

王　春　法

中国国家博物馆馆长

　　一元复始，万象更新。2020 年，面对突如其来的新冠肺炎疫情，在以习近平同志为核心的党中央坚强领导下，亿万人民团结一心，奋勇拼搏，度过了极不平凡的一年，交出了一份令人满意的中国答卷：统筹疫情防控和社会经济发展取得重大成果，决战脱贫攻坚取得决定性胜利，全面建成小康社会取得伟大历史性成就。新的一年我们将迎来中国共产党百年华诞，开启全面建设社会主义现代化国家新征程。值此农历辛丑牛年来临之际，中国国家博物馆利用馆藏文物藏品举办"牛事如意——辛丑牛年迎春文化展"，就是要温暖人心、振奋精神，努力烘托欢乐、喜庆、祥和的节日气氛，为续写更多"春天的故事"聚气凝神。

　　牛是与人类关系最密切的动物之一，也是人类最早驯化的动物之一。作为上古社会最具灵性的畜养，牛是农耕社会最忠实可靠的劳力。直至今天，牛的身影仍然遍布于衣、食、住、行等诸多方面。可以说，牛伴随着人类文明的进程，也将自己的形象留在了各个历史时期的物质文化遗存之中。中华传统文化中蕴藏着大量与牛有关的典故和文化阐释。"牧童归去横牛背，短笛无腔信口吹。"在农耕社会生产生活基础上孕育出的田园诗意与牧野意趣，催生了与牛有关的丰富艺术创作，在雅俗之间实现了微妙平衡。本次展览从中国国家博物馆馆藏中遴选与牛有关的文物和艺术品 160 余件（套），分为与牛为伴、牛为艺源、春牛颂福三个单元，从生产生活、历史文化、艺术雕绘等多个方面系统展示牛的历史、文化和与牛有关的节俗信仰。展品中既有融汇牛角形象的商周青铜礼器、颇具特色的古滇国青铜器，也有不同历史时期与牛有关的雕塑、绘画作品。依据老子出关、牛郎织女、吴牛喘月等历史典故绘制的图像让传奇故事更加形象生动；描绘渔樵耕读的书画、瓷器承载着农耕社会最朴实的夙愿和期待；《盘车图》《豳风时序歌图》《嫁娶图》等将牛与世俗社会紧密相连；《牧笛图》《秋郊归牧图》等绘画作品则在虚实之间抒发着古人对山水田园的向往情怀。

习近平总书记在 2021 年全国政协新年茶话会上的重要讲话中，亲切勉励全国各族人民"发扬为民服务孺子牛、创新发展拓荒牛、艰苦奋斗老黄牛的精神"，在全面建设社会主义现代化国家新征程上奋勇前进。衷心希望广大观众能够通过此次展览深入了解牛在中华优秀传统文化中的丰富意象和深刻内涵，准确把握孺子牛、拓荒牛、老黄牛精神的精神实质和现实意义，更加努力地为实现中华民族伟大复兴中国梦不懈奋斗。

目　录

序章

门神年画

中华人民共和国
邰立平
外高191厘米，外宽69.3厘米
内芯高108厘米，内芯宽58厘米
中国国家博物馆藏

此对门神画中人物为方相、方
弼兄弟二人，属历史故事中的虚构
人物。传说他们是商纣王的两位护
卫大将，相貌威武，力大无穷，归
顺周朝后立下战功，分别被封为开
路神、显道神。"方相"之名应源于
《周礼》等文献中记载的职官方相
氏，负责驱疫，后被奉为逐疫驱邪
之神。

门神年画

中华人民共和国
邰立平
外高191厘米，外宽69.3厘米
内芯高108厘米，内芯宽58厘米
中国国家博物馆藏

　　这组门神造型饱满夸张，保留了古版年画古朴自然的艺术风格，充分体现了陕西凤翔地区的民俗风情和浓郁的民间美术特色。年画左右所题"世兴""老局"，合在一起为世兴老局，指的是该年画的制作店铺。

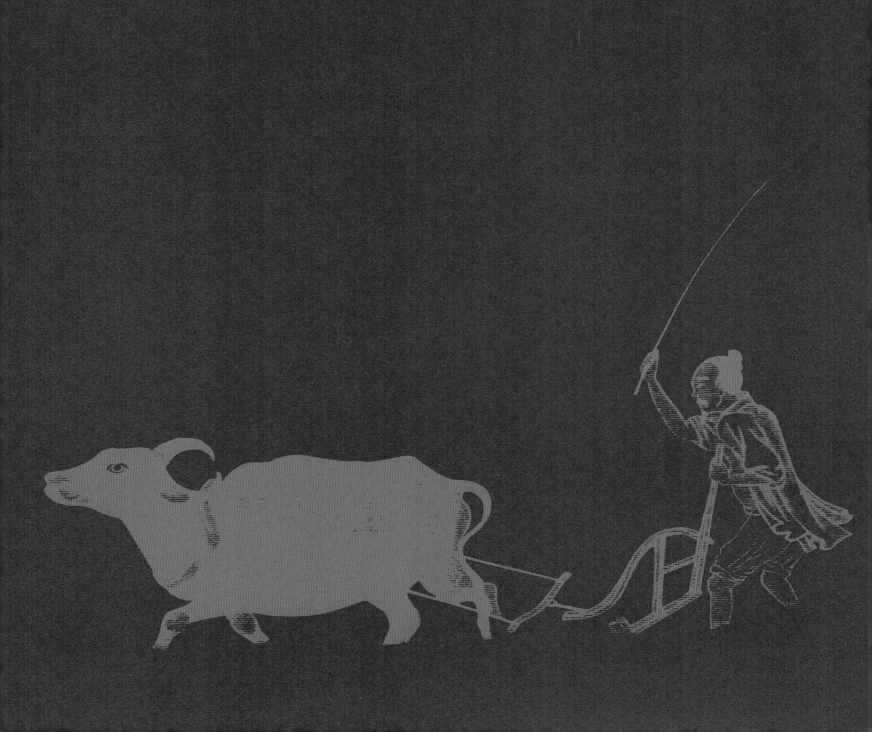

与牛为伴

　　牛是与人类关系最密切的动物之一，包括黄牛、水牛、牦牛、瘤牛等不同种类。早在远古时期，古人类就已经与野生动物长期共存。距今1万年前后，狗、猪、牛、羊、马、鸡等动物被陆续驯化，身体形态和性情都发生了一定的变化。此后，这些家养动物开始与人类相依为伴，与人类一起从原始的采集、渔猎时代迈向畜牧、农耕乃至工业文明时代。黄牛的驯化最初发生于距今1万年以前的西亚、南亚、东非等地，前两个地区的驯化类型于距今4500年前后传入中国。自此以后，牛的身影遍布人类社会的各个领域，从生产生活到文化艺术乃至精神信仰，牛都占据着无与伦比的重要位置。

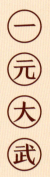

　　夏商周时期，牛是最重要的家养牲畜之一，也被视为颇具灵性的神圣之物。向神灵献祭时，牛是最重要的福胙之一。《礼记·曲礼下》曰："凡祭宗庙之礼，牛曰一元大武"，牛被当作非常重要的祭祀牺牲。严格来说，纯色的祭品称为"牺"，周身完整的称为"牲"，两字都与牛有关。被选为牺牲的牛待遇很高，不仅被饲以佳粮，甚至还被披以华服。祭祀典礼上，有时国君会亲自牵牛入庙参加仪式。牛骨常被用作占卜载体，占卜者将牛骨加以灼烧、钻凿，然后根据其表面呈现出的裂纹兆象预测吉凶。牛的形象在商周青铜礼器的铭文、造型、纹饰中皆有所见，其形象大多庄重肃穆。

兽面纹青铜鬲

商代晚期（约公元前13世纪—前1046年）
高24.1厘米，口径15.3厘米
中国国家博物馆藏

　　中国境内家养的牛可以分为黄牛、水牛、牦牛、瘤牛等种类，它们有着不同的性情和形象特征，也有着不同的驯化历史和分布范围。黄牛多分布于北方，水牛、瘤牛多见于南方，牦牛多见于青藏高原。商周时期用于祭祀的牛多为圣水牛（*Bubalus Mephistopheles*），其形象也广泛见于这一时期的青铜礼器。

兽面纹青铜甗

西周（公元前1046—前771年）
1954年陕西西安普渡村长思墓出土
高24.1厘米，口径15.3厘米
中国国家博物馆藏

商周青铜容器大多是用来祭祀神灵的礼器，其造型、纹饰中的动物装饰很可能被赋予了某种沟通神灵的媒介功能。这些礼器中存在不少较为写实的牛的造型和纹饰，一些礼器上的兽面纹中也融合了牛角等造型元素。

陶牛

隋代大业四年（公元608年）
1957年陕西西安李静训墓出土
高20.3厘米，长28厘米
座长14.5，座宽8.5厘米
中国国家博物馆藏

汉唐以来，人们经常制作陶质牛、羊、猪、鸡、鸭、鹅等家畜、家禽的形象，作为明器供祖先在另一个世界使用。社会等级越高，所享用的动物种类和数量就越丰富。这反映了社会生活与家养动物之间的密切关系，也是古代社会禽畜饲养业普遍繁荣的真切体现。

黄釉陶牛

隋代（公元581—618年）
高18.9厘米
中国国家博物馆藏

考古发现的陶牛明器大多制作简单，外形由两块陶范左右拼合烧制而成，周身或涂彩绘，或施釉彩。牛身中空，既节省材料又可减轻器物的重量。

浅黄釉陶牛

唐代（公元618—907年）
1958年陕西西安独孤思贞墓出土
高16.2厘米，长23.3厘米
中国国家博物馆藏

　　从汉代开始，用作明器的陶牛烧制出来后会在表面施一层铅釉，使其更为美观。唐代常见的"唐三彩"也属于同一技术系统。

陶牛

唐代（公元618—907年）
1954年山西长治王琛墓出土
长31厘米，宽16.5厘米，高16厘米
中国国家博物馆藏

　　王琛墓出土的陶质明器有作为家养禽畜的牛、猪、狗、马、鸡等，有文官俑、武士俑、侍女俑、舞蹈俑等陶质人物，另外还有陶舂米机、陶碾、陶磨、陶灶等生活用具。这些器物精致生动，营造出生活气息浓郁的地下世界。

石牛

宋代（公元960—1279年）
1958年河南郑州方城盐店宋墓出土
高21厘米，长28厘米
座长23厘米，宽11厘米
中国国家博物馆藏

　　此石牛身躯肥硕，双角粗大，憨态可掬。宋元时期，有的明器采用青石雕制而成，包括男女侍从、家庭畜养及桌、椅等各类日用器具。

滇风异趣

　　"滇"是我国西南边疆民族建立的古代王国，主要分布在以滇池地区为中心的云南中部及东部地区，存在时间约为公元前5世纪中叶至公元1世纪初。滇式青铜器上装饰有大量的动物形象，是其独树一帜的典型特色。在许多贮贝器、工具、武器之上，都饰有牛的立体造型。多数牛身形健硕，颈肩突起，前躯宽博，牛角粗大，颇富美感。在古滇王国，牛既是生产活动的重要帮手，也是祭祀礼仪的必备牺牲，还是社会财富的象征。迥然异趣的滇式青铜器生动展现了战国至秦汉时期滇人丰富多彩的生产生活场景，堪称承载古代物质文化的重要物证。

牛柄青铜斧

汉代（公元前206—公元220年）

1955—1958年云南晋宁石寨山出土

戈长20.8厘米，宽6.5厘米

筒（銎）长15.5厘米

中国国家博物馆藏

云南晋宁石寨山等地出土的青铜器极富地域文化特色，器物种类、造型及装饰风格均别具一格。牛是古滇国青铜器上非常常见的一种装饰题材，或为辅助耕作的劳力，或为祭祀贡品的牺牲，或为单纯用来美化器具的饰件。牛与当时人们日常生活的密切关系，可见一斑。

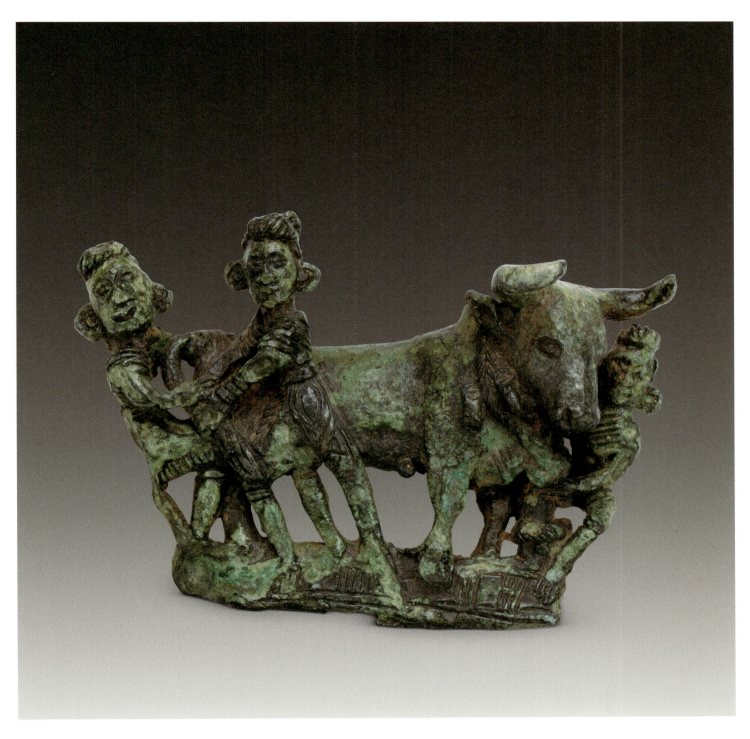

缚牛青铜扣饰

西汉（公元前206—公元8年）
1972年云南江川李家山14号墓出土
高4.4厘米，宽6.4厘米
中国国家博物馆藏

　　带钩与扣饰都是古人用来收束服饰的配件，作用相当于今天的皮带扣。这件滇式扣饰上有别具特色的缚牛场景，极富生活气息，应与狩猎或祭祀有关。狩猎是滇式青铜扣饰中较常见的装饰题材，也散见于贮贝器的器表、器盖及剑、矛、斧等兵器之上。从这些青铜器看，狩猎在战国、秦、汉时期古滇社会的生产生活中占有举足轻重的地位。滇人的狩猎对象主要有鹿、虎、豹、野牛、野猪等，狩猎方式则分为猎人骑马逐猎、多人持兵器围猎、单人持兵器追猎、徒手搏兽等诸多形式。

双牛青铜啄

西汉（公元前206—公元8年）
1972年云南江川李家山13号墓出土
高26.1厘米，宽14.8厘米
中国国家博物馆藏

造型生动、品类繁多的动物形象是滇式青铜器独树一帜的特色。云南地区当时所能见到的动物应有尽有：家畜如牛、马、羊、鸡、犬等，野兽如虎、豹、熊、狼、野猪、犀牛以及鹿、狐、猴、水獭、穿山甲等，禽鸟如孔雀、雉鸡、鸳鸯、鹦鹉、鸬鹚、燕子、乌鸦等，甚至还有兔子、蛇、鼠、青蛙、虾、蜈蚣、甲虫等小型动物。

立牛青铜锥

汉代（公元前206—公元220年）
1956—1957年云南晋宁石寨山3号墓出土
长26.5厘米，刺长20.2厘米
銎长5.4厘米，銎径3厘米
中国国家博物馆藏

    云南晋宁石寨山、江川李家山、呈贡天子庙等地发现有大量锄、镰、斧、钺、凿、锥等青铜农具、工具，表明农业已经成为古滇王国的经济基础，相关手工业也相当发达。

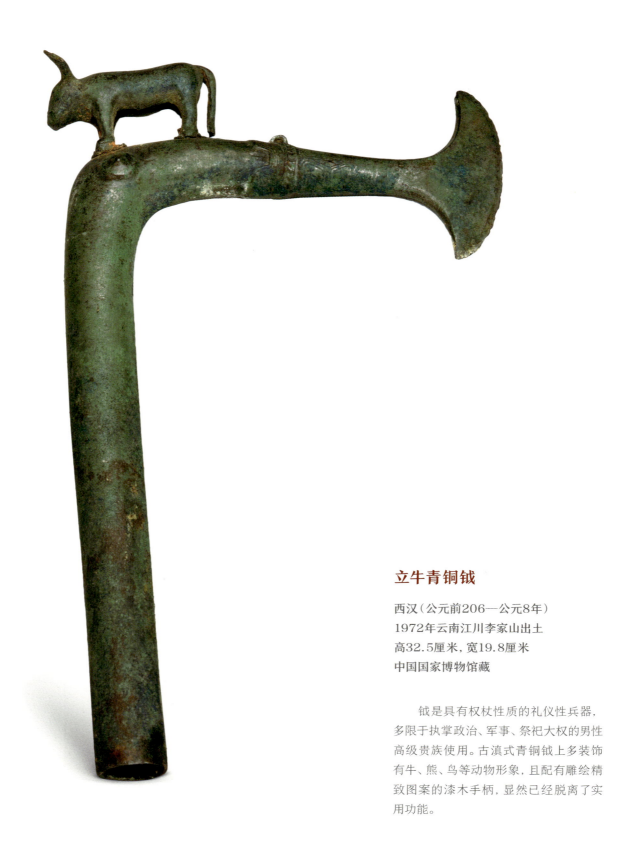

立牛青铜钺

西汉（公元前206—公元8年）
1972年云南江川李家山出土
高32.5厘米，宽19.8厘米
中国国家博物馆藏

　　钺是具有权杖性质的礼仪性兵器，多限于执掌政治、军事、祭祀大权的男性高级贵族使用。古滇式青铜钺上多装饰有牛、熊、鸟等动物形象，且配有雕绘精致图案的漆木手柄，显然已经脱离了实用功能。

立牛青铜壶

西汉（公元前206—公元8年）
1972年云南江川李家山17号墓出土
高28.4厘米，口径7.6厘米，足径6.9厘米
盖径9.1厘米，盖高11.7厘米
中国国家博物馆藏

　　制作古滇国青铜器的工匠堪称天才造型
艺术家，他们制作的器物种类丰富、造型多
变。就功能而言，容器、乐器、工具、饰品、
杂器等应有尽有。就装饰题材而言，祭祀、战
争、播种、驯马、入仓、纺织、放牧、狩猎、剽
牛、宴饮、乐舞等无所不包。

青铜牛头（一组两件）

汉代（公元前206—公元220年）
1956年云南晋宁石寨山出土
长9.8厘米，高10厘米，厚5.7厘米
中国国家博物馆藏

　　古滇国青铜器上的牛多为瘤牛
（*Bos Indicus*），其典型特点是身形
健硕，粗大的双角卷曲上扬或向前伸展，
颈肩部位有突起的驼峰状肉瘤，颈下有
鬐鬃，尾较长。瘤牛主要分布于热带地
区，从晋宁石寨山等地的考古发现来看，
至少秦汉时期瘤牛还活动于云南地区。
后来，这种牛在我国境内灭绝，我国现
在的瘤牛是从国外引进的。

国之所恃

　　传统中国以小农经济为主，农业可谓国之命脉。它不仅为人们提供赖以生存的保障，还对人们的生产生活方式和思维习惯、文化基因起到了决定性影响。以牛为助力系统的牛耕大大提高了早期农业的生产效率，堪称农耕之本、国之所恃。春秋时期的牛耕多用石犁，也有少量金属犁头。伴随着铁制农具的出现，牛耕在战国时期得到进一步推广，大大提高了农业生产力，推动了古代文明进程。古代政权大都非常重视耕牛畜养，经常颁布鼓励农耕和禁止伤牛的政策法令。农耕与纺织是古代小农家庭维持生计的主要手段。宋元之后，"耕织"主题的诗文与画作广为盛行，这一主题的宣扬与传播也成为官方劝课农事、鼓励耕作的重要途径。

粉彩渔樵耕读琮式瓶

清代（公元1644—1911年）

高23.5厘米，口径6.9厘米，足径6.9厘米

中国国家博物馆藏

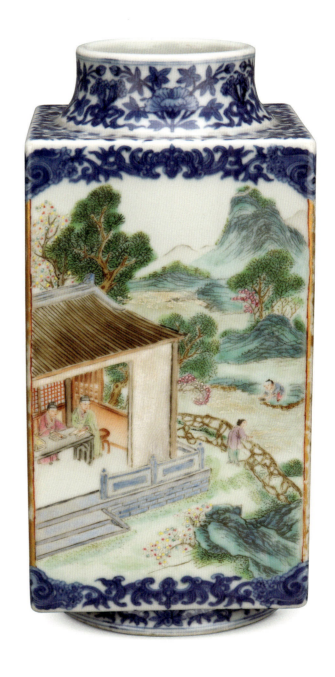

　　方柱形琮身上下装饰青花缠枝纹，四面用粉彩绘制传统的"渔樵耕读"画面，依次为：之一，河中有两位渔夫于竹排上正在弯腰收网，岸边有两位老者，一位正打开竹笼查看收成，另一位戴笠老翁弯腿坐于地上，身后有一支船桨；之二，树木葱郁的山间，山腰处隐约可见几处民宅，山间有两位男子负柴前行，正经过一山涧桥梁，山脚下有一年长渔夫坐于泉边，一腿弯曲一腿伸开，一手扶地面上的斗笠，另一手扬起作远眺状；之三，农田林舍间，远处有几位农夫于稻田间忙碌，一组在插秧，另一组似在除草，画面下方田间小径上，一位年长农夫头戴斗笠，肩扛曲辕犁，一手扶犁，另一手牵牛，似耕毕返家；之四，茅舍之外，一位农夫临溪濯目，溪边围栏外，一妇人似正与农夫交谈，茅舍内两人于案边读书，一老一少，似听到外面交谈，抬首望去。

粉彩耕织图尊

清代（公元1644—1911年）
高44厘米，口径16.5厘米，足径25.4厘米
中国国家博物馆藏

此瓷尊表面环绕着一周诗画对应的耕织主题装饰，明显具有劝课农桑的意味。尊上部为雍正帝所作纺织诗文和对应画面，下部为康熙帝所作农耕诗文和对应画面。与农耕有关的诗文包括两首，耕（一）：土膏初动正春晴，野老支筇早课耕。辛苦田家惟稼事，陇边时听叱牛声。（二）：宿雨初过晓日晴，乌犍有力足春耕。田家辛苦哪知倦，更听枝头布谷声。

徐溥摹耕织图册

清代（公元1644—1911年）
徐溥
内芯高35.5厘米，内芯宽54厘米
外高40.6厘米，外宽62.5厘米
共42开
中国国家博物馆藏

　　北宋宫廷中出现的成套耕织壁画应该为古代最早的耕织图。南宋楼璹系统地绘制了反映当时南方农桑生产全过程的耕织图45幅，每图配诗加以说明，产生了很大影响。清政府重视课农，有多种耕织图流传。康熙帝首命宫廷画师焦秉贞绘制耕织图，每图亲题七言诗一首，并在图前自写序文。此后，雍正、乾隆、嘉庆等时期均有耕织图问世。此图册作者徐溥为乾隆年间的宫廷画师。

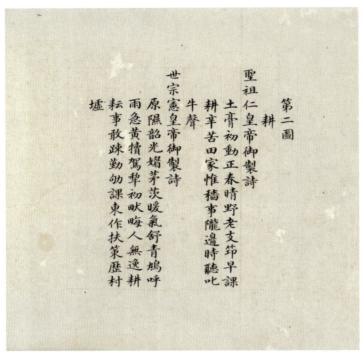

耕织图册

原件清代（公元1644—1911年）

佚名

整开高32厘米，宽59厘米

画心高24.5厘米，宽25厘米

中国国家博物馆藏

　　此图为工笔设色，描绘了牛耕场景。左侧页面为康熙帝和雍正帝为"耕"所作诗文。康熙帝御制诗：土膏初动正春晴，野老支筇早课耕。辛苦田家唯穑事，陇边时听叱牛声。雍正帝御制诗：原隰韶光媚，茅茨暖气舒。青鸠呼雨急，黄犊驾犁初。畎亩人无逸，耕耘事敢疎。勤劬课东作，扶策历村墟。

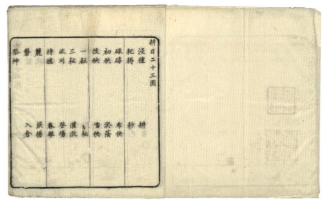

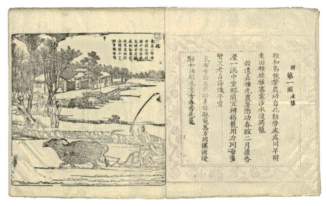

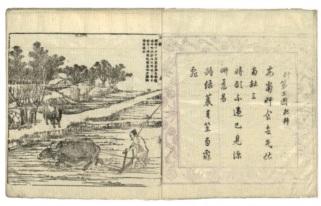

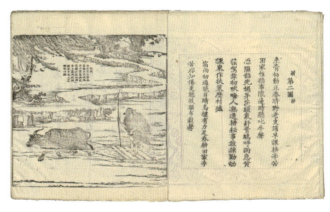

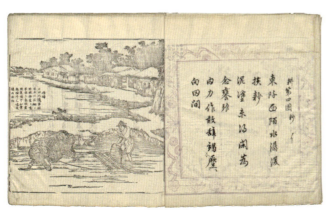

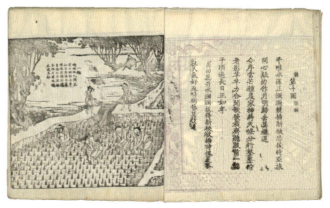

耕织图册

清代（公元1644—1911年）

内芯高30.5厘米，宽26.5厘米，打开宽48厘米

中国国家博物馆藏

宫廷御制的耕织图除了以绘画形式呈现，还以石刻、木刻等雕版形式刊刻印刷，更便于传播。此套耕织图为木刻印刷本，右侧为康熙帝和雍正帝所作耕织诗，左侧为农夫于水田间驱牛耕地等场景。

利满天下

　　从古至今，作为最重要的驯化家畜之一，牛对世俗文化生活有着全面而深刻的影响。柳宗元的《牛赋》盛赞牛"利满天下"，可谓得宜。在衣食住行方面，牛的身影随处可见：牛皮服饰和各种用具美观耐用，牛角酒具和乐器备受追捧，牛尾旌旗独树一帜，牛黄入药可解诸毒，以牛为驾负重致远……与此同时，独具特色的牛文化早已根深蒂固："初生牛犊"称赞年轻有为，"牛刀小试"比喻初显身手，"对牛弹琴"喻指言不对人，"庖丁解牛"赞誉技艺高超，"吴牛喘月"讽刺过分惧怕，"牛郎织女"则堪称最脍炙人口的爱情故事之一。

吴牛喘月白釉印花碟

宋代（公元960—1279年）
高1.8厘米，口径12.8厘米，足径8.4厘米
中国国家博物馆藏

此盘内装饰有根据"吴牛喘月"典故绘制的图像。一牙弯月高悬星际，层云掩映之下，一头水牛四肢蜷缩，卧伏在地，顾首望月，口部微张，似作惊恐之状。

"吴牛喘月"见于南朝刘义庆的《世说新语·言语》：江淮地区的水牛因为怕热，见到月亮误以为是太阳，故而连喘粗气，喻指人们由于过分惧怕而丧失了判断能力。

老子骑牛青花加紫梅瓶

明代（公元1368—1644年）
腹径8.6厘米，高18.2厘米
中国国家博物馆藏

此瓶身用青花绘出老子骑牛出关的画面：一位长髯老者骑于青牛背上，青牛俯首而行，老者身后有一童子，双手持幢幡。画面右上方有紫色祥云，底部亦用青花绘出山石，瓶身另一侧有楷书"紫气涵关"四字。

童子牧牛花口盘

清代（公元1644—1911年）
长43厘米，宽34.3厘米，高5.7厘米
中国国家博物馆藏

　　此盘底有椭圆形开光，内绘出一童子坐于牛背
之上，吹笛牧牛，童子身后有山石树木。远处有江渚
林木，天边有鸟雀飞过。近处草木青幽，有一樵夫挑
担前行。童子所骑老牛俯身向前，似在呼唤离自己不
远的牛犊，画面富有意趣。

七夕故事粉彩碗（一组）

清代（公元1644—1911年）
高6.6厘米，口径15厘米，足径5.8厘米
中国国家博物馆藏

　　此套碗外壁和内底开光，内描绘了牛郎织女七夕相会的故事场景。牛郎织女的神话传说是中国古代最著名的爱情故事之一。天仙织女与牛郎结下良缘，天帝因故震怒，将两人分开。牛郎肩挑双子乘牛急追，即将迫近时，面前顿起银河，二人只能隔空相望。天长日久，天帝感其情真，准许牛郎织女每年农历七月七日相会一次。当日，喜鹊集飞成桥，供二人渡河相见。该传说的起源可追溯至先秦时期，经过不断流传、演绎，故事愈发凄美、生动，不仅版本迭出，还衍生出七夕乞巧等影响广泛的民间习俗。如今，七夕节已入选第一批国家级非物质文化遗产名录，堪称"中国情人节"。

牛车出行石刻拓片

北魏（公元386—534年）
外高51.3厘米，外宽99厘米
内芯高43.5厘米，内芯宽91.3厘米
中国国家博物馆藏

　　此画面为牛车出行场景：前方有一车夫驱驾一辆通幰牛车，一组奏乐侍女紧随其后。《晋书·舆服志》记载，汉代之前，达官显贵不屑乘坐牛车，汉武帝施行"推恩令"后，一些诸侯没落，不得不弃马车而就牛车。因牛车安稳宽敞，东汉桓、灵之后，从天子到士大夫都将牛车作为日常出行工具，并以乘坐牛车为时尚。

生肖纪年

　　生肖又称属相、相属、肖属、辰属等，它将子、丑、寅、卯等十二个地支字与鼠、牛、虎、兔等十二种动物分别对应，结合天文、历法、纪时、信仰、人生等诸多因素，将自然现象与人文现象相关联。十二生肖在东西方世界的许多地方都有所见。最早在战国时期，中国就已经有了关于生肖的记载。十二生肖早已潜移默化为一种文化基因，为每个人、每一年打上特殊的烙印。丑牛位于十二生肖的第二位，每位牛年出生的人，似乎都被天然赋予了忠实勤劳、勇于开拓等牛的典型优良品格。时值牛年，孺子牛、拓荒牛、老黄牛的精神力量激荡于每个人的心中。与之相关的庆祝、纪念活动，则衍生出极为丰富的民俗文化与历史现象。

十二生肖陶俑

唐代天宝四年（公元745年）
1955年陕西西安韩森寨雷府君夫人宋氏墓出土
高36.5-42.5厘米

鼠：高37.5厘米	龙：高42厘米	猴：高37.4厘米
牛：高36.5厘米	蛇：高39厘米	鸡：高42.5厘米
虎：高37.5厘米	马：高39.5厘米	狗：高36.5厘米
兔：高42.3厘米	羊：高38厘米	猪：高38厘米

中国国家博物馆藏

　　此套生肖俑兽首人身，身着宽袖长袍，施红绿彩绘，不同生肖头部有明显的类别特征。十二生肖的形象经历了动物生肖俑、兽首人身坐姿生肖俑、兽首人身立俑到生肖动物点缀文官俑的过程。

58

59

生肖陶牛俑

唐代（公元618—907年）
1958年陕西西安杨思勖墓出土
高65.7厘米，底座长20厘米
中国国家博物馆藏

兽首人身立俑首见于武则天时期，其后在唐代的西安地区广泛流行。唐玄宗时期制作的此类生肖俑，身体多为文官形象，体量较大，造型生动。

青釉生肖陶牛俑

隋代（公元581—618年）
1955年湖北武昌桂子山138号墓出土
高17厘米，底座长10厘米，宽7厘米
中国国家博物馆藏

生肖玉牛

清代（公元1644—1911年）
高3.2厘米
中国国家博物馆藏

　　明清时期，生肖文化较为普及，个人属相为时人所注重。这类微型玉雕或许为此属相的人们平日携带，以求辟邪迎福。

十二生肖民俗铜钱（一组）

中华民国（公元1912—1949年）

高1.5厘米

中国国家博物馆藏

　　此套钱币由12枚铸有生肖的铜钱组
成。每枚铜钱外圆内方，外廓宽平，穿上为生
肖文字，穿下为与文字对应的生肖形象。

十二生肖民俗铜钱

中华民国（公元1912—1949年）

高9厘米

中国国家博物馆藏

十二生肖民俗铜钱

中华民国（公元1912—1949年）

高4.6厘米

中国国家博物馆藏

十二生肖民俗铜钱

中华民国（公元1912—1949年）

高3.7厘米

中国国家博物馆藏

十二生肖民俗铜钱（一组四件）

中华民国（公元1912—1949年）

高4.7厘米

中国国家博物馆藏

　　此组生肖钱币为圆形铜钱，中间有方孔或圆孔，外廓宽平，一面孔外有一圈十二个地支字，文字带外圈有对应的生肖形象，另一面孔外一圈八个天干文字，文字带外圈有对应的八卦符号。

十二生肖铜挂牌

中华民国（公元1912—1949年）

高6.8厘米

中国国家博物馆藏

十二生肖彩绘泥塑

中华人民共和国
胡新明
鼠：高14厘米，宽20.5厘米
牛：高17厘米，宽31厘米
虎：高23.5厘米，宽21厘米

兔：高18厘米，宽20厘米
龙：高21厘米，宽22厘米
蛇：高17厘米，宽17厘米
马：高22厘米，宽22厘米
羊：高19.5厘米，宽21厘米

猴：高24厘米，宽15厘米
鸡：高25.5厘米，宽22厘米
狗：高22.5厘米，宽21厘米
猪：高14厘米，宽22厘米
中国国家博物馆藏

此套彩绘生肖为陕西凤翔泥塑的典型作品，造型夸张而又憨态可掬，色彩绚丽，喜气洋洋。

十二生肖剪纸

中华人民共和国
刘静兰
连框高84厘米，宽84厘米
中国国家博物馆藏

　　此套生肖剪纸刀工细腻，色彩明快。
刘静兰的剪纸作品兼具农耕文化的雅致和
草原文化的粗犷特质，将传统文化与现代
审美有机地融为一体。

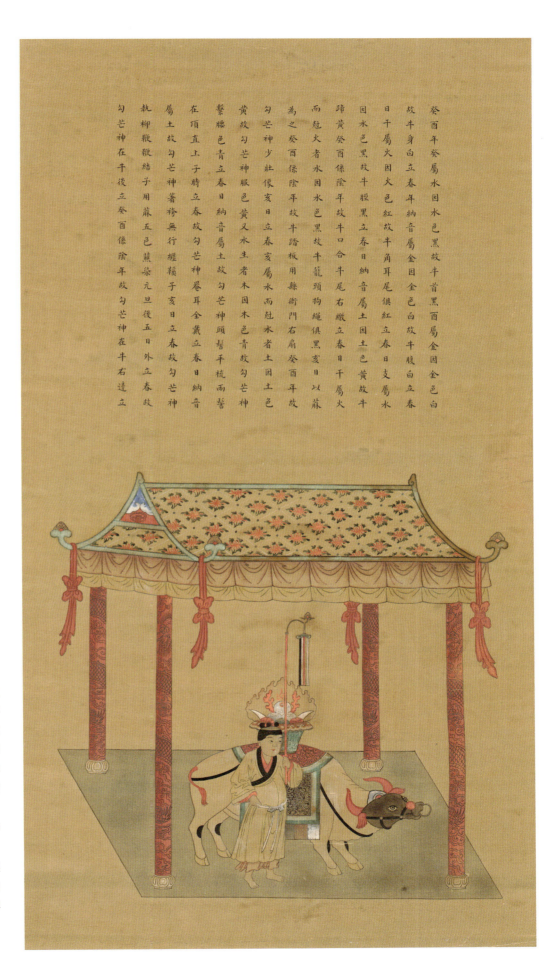

春牛图

清代（公元1644—1911年）
内芯高99厘米，内芯宽53.5厘米
轴头78厘米
中国国家博物馆藏

　　在古代，春节来临之际会有迎春活动，迎接春牛芒神为其中重要的一项。图中老者为勾芒神，既是掌管万物萌生的春神，又是掌管一年吉凶的值岁神。春牛芒神的制作非常严格，在规格上需反映时节的诸多特点：牛高四尺，象征着春、夏、秋、冬四个季节；牛长八尺，象征春分、秋分、夏至、冬至、立春、立夏、立秋、立冬等八个重要节气；牛尾长一尺二寸，象征一年十二个月。勾芒神身高三尺六寸，象征农历一年三百六十日；手中之鞭长二尺四寸，象征二十四节气。

耕织图年画

清代（公元1644—1911年）
高68.5厘米，宽113.3厘米
中国国家博物馆藏

　　年画是为迎新春、庆佳节专门创制的画种。制作时，需先刻制木版，层层套印后呈现出风格各异的画面。其主题多选取驱凶辟邪、生活风俗、喜庆装饰、戏曲传说等内容。

同庆丰年年画

清代（公元1644—1911年）

高68.6厘米，宽114厘米

中国国家博物馆藏

牧童遥指杏花村年画

中华人民共和国
高42.6厘米，宽68.5厘米
中国国家博物馆藏

天津杨柳青与苏州桃花坞都是著名的年画生产重镇，一时有"南桃北柳"之称。天津杨柳青的年画制作起于明，兴于清，继承唐、宋以来的绘画传统，鲜明活泼，做工精细，惟妙惟肖。

春牛图年画

中华人民共和国
高118.4厘米，宽68.5厘米
中国国家博物馆藏

画面中3个男童和1个女童坐于牛背上，捧花扬笛，持柳引燕，寓意冬去春来，喜气洋洋。天真稚气、朝气蓬勃的童子经常出现在各类迎春作品中。他们大多皮肤白净，表情喜悦，作嬉戏玩耍状。

男十忙年画

中华人民共和国
高26.3厘米, 宽47厘米
中国国家博物馆藏

　　男十忙为潍坊杨家埠年画的代表性题材之一, 最初约产生于清嘉庆年间。内容为从种麦到收麦的十个劳作环节, 画面简洁概括, 风格淳朴, 寓意来年风调雨顺, 五谷丰登。

在以农为本、劝课农桑的传统社会，农耕、放牧题材的田园景象广泛见于古代日用装饰。明清之后，渔樵耕读、童子牧牛之类的装饰主题广泛流行。渔、樵、耕、读是农耕社会的四业，凝聚着传统社会最基本的生产方式，也体现了古代劳动人民最平凡的生活状态，还承载着文人仕宦寄情田园、返璞归真的闲适理想。此类题材多选取汉晋时代的高士人物组合呈现，是魏晋以来的高士图进一步世俗化的表现。此外，由于逐渐被赋予"有余""多薪""有粮""出仕"等良好寓意，渔樵耕读也成为世俗吉祥文化的载体之一。从风俗画衍生而来的童子牧牛主题则着重呈现童子与牧牛之间或牧养和谐或挣缰对立的画面，天真烂漫，童趣谐生，也是广泛流行的吉祥题材。

粉彩牧牛图瓷罐（一组）

清末—中华民国（公元1840—1949年）
口径8.3厘米，高27.6厘米，底径13.1厘米
中国国家博物馆藏

清末民初之际，作为家居陈设的瓷瓶、瓷罐大量生产，其中粉彩瓷器以色彩亮丽、层次丰富而广受欢迎。粉彩瓷器装饰的题材有美人、山水、花卉、瑞兽、博古纹饰及历史故事等。

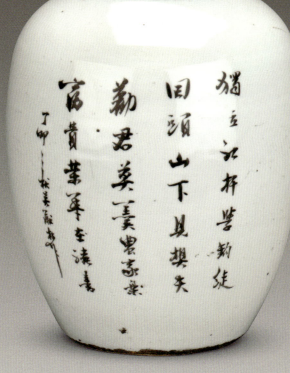

粉彩耕牧图瓷瓶（一组）

清末—中华民国（公元1840—1949年）
口径8.6厘米，高26.3厘米，底径12.9厘米
中国国家博物馆藏

　　清末至民国时期，渔樵耕读和童子牧牛都
是当时人们喜闻乐见的装饰主题。在日用陈设
瓷器上，两种题材在内容、构图、表现手法等方
面都形成了相对固定的模式。

牛为艺源

　　纵观古今中外，牛是最早激发艺术家审美创作灵感的重要形象之一，世界各地发现的岩画、壁画、雕塑皆是其例。这是人类记录自然、描绘世界的开端，也是艺术源泉的起点。以牛为素材的绘画、雕塑或凝练抽象，或生动写实，惟妙惟肖而意趣横生的作品不胜枚举。历经驯化之后，牛与人们的日常生活紧密相连。有关牛的艺术创作或注重其形象的细致刻画，或突出其辛苦劳作的农事场景，或追求幽远闲适的田园诗意。它们往往在世俗与文雅之间寻求微妙的平衡，许多作品都达到了极高的艺术造诣。中国古典作品中的牧牛场景多与山水林木结合，形成了高士骑牛、童子牧牛等主题作品。近现代艺术家则汲取了诸多光影、造型因素和多元表现手法，新意迭出。

古色牧野

　　在传统中国社会，牧野乡村既是力田稼穑、挥洒汗水的劳作之地，也是远离喧嚣、寄托情怀的诗意空间。具有丰富文化内涵的牛与古代书画艺术结缘已久，与牛有关的绘画往往并非以牛写牛，而是以牛写意，或强调农耕之本，或表达牧野之趣，或体恤稼穑之艰，或描绘市井风俗。牛的形象与牛文化相结合，更与山水画、市井画、田园诗、典籍故事、风土人情等内容、形式相融汇，记录艺术灵感，描绘古代社会，留下无数经典作品。

秋郊归牧图册

南宋（公元1127—1279年）
夏圭
外高51厘米，外宽74.8厘米
内芯高27厘米，内芯宽28.5厘米
中国国家博物馆藏

此图近处绘一骑牛老者，身披蓑衣，手执树枝。中部水岸缓坡上有一树木，落叶凋零。远处水面缥缈辽阔，意境幽远。图中人物、土石、树木多以简笔勾画，自然生动。南宋画院经常以民间日常生活的环境和景象作为创作对象，传达世俗化的审美意象。

牧笛图册

南宋（公元1127—1279年）
夏圭
外高51厘米，外宽75厘米
内芯高27.5厘米，内芯宽28厘米
中国国家博物馆藏

画面中，一头水牛散放于水岸，吹笛牧童坐于树下水边，朝向远方。画作虽施以简笔，但结构清晰，意境悠远。近处绘水岸斜柳，以苔点和简单皴法表现地面和阴阳向背，柳枝随风摇曳，颇有动感。远处河岸施以淡墨渲染，给人以想象空间。

仿郭熙盘车图

清代（公元1644—1911年）
颜峄
内芯高180厘米
内芯宽98.5厘米
轴宽127厘米
中国国家博物馆藏

　　此画作系仿北宋郭熙《盘车图》。画中山势巍峨，树木萧瑟，山腰处有农舍掩映其间。盘山小径间一组牛车商队往山下走来，山脚处木桥上，3头牛拉着满载货物的车辆前行。作者颜峄主要活动于清顺治、康熙年间，其山水、人物技法师法北宋。

仿明人嫁娶图手卷

清代（公元1644—1911年）
谢时臣（款）
高52厘米，长420厘米
中国国家博物馆藏

此手卷绘制了明代民间嫁娶的场景。画面中，新娘在迎亲队伍的鼓吹声中骑牛前往夫家，男女老幼出门迎接新人，院落内前来帮忙的人忙碌地准备婚宴，有的客人已开始宴乐。手卷尾部绘有骑驴、马或青牛的人们前来参加婚礼的内容。此外，画面中还有劳作的农夫、嬉戏的孩童、看热闹的邻居，田间青草嫩绿、桃花粉红，这些都与婚嫁的主题契合。手卷尾部有民国二十八年（1939年）许世英、叶恭绰所书跋。

豳风时序歌图卷

清代（公元1644—1911年）
刘权之（绘）
高40厘米，长576厘米
中国国家博物馆藏

　　《豳风时序歌》为嘉庆帝读《诗经·豳风》有感而作的诗文，此图卷开头录其全文作为篇题。画面描绘了田间劳作的场景，包括牛耕、收割、牛车运粮、摘桑等内容，其中山石用披麻皴，树木则施赭黄、石绿、粉红等颜料。作者刘权之（公元1739—1818年）为乾隆二十五年（1760年）进士，工诗词，善书画。引首书者戴衢亨（公元1755—1811年），乾隆四十三年（1778年）进士。《豳风时序歌》收录于《清仁宗御制诗》《石渠宝笈三编》。

勅敬題

詠勤迪訓

臣戴衢亨奉

相結抱而渡又能游水面飛時停落隨地
生子生時牝牡必交故俗謂之駝蝗牝者腹
能隔地其力大也夏蝗遺子隨生隨出有
十八日即出土之說秋蝗遺子至次年初
夏始出土霜降後西風蕭然或抱草而死
或隨風入海而滅此蝗性之大略於淮郡

督捕之時得之目擊者也竊謂蝗之為災由
來最烈是以例議纂嚴有司身任地方
自應盡力捕滅以除民患然不定以章程
恐其無所遵循則雖力而無功用散不揣冒
昧謹就所見開列捕蝗規十則並繪為圖
錄存如左

按蝗蟲能食苗為災爾雅云食苗心曰蟓食葉
曰螣食根曰蟊食節曰賊四者皆蝗蟲名也已
詩而謂蝗又名螽未長翅者為蝻又名蝝
其性畏寒喜熱古語所謂雪溪一天則蝗入
地一丈是也其族最繁一生九十九子歐
陽修詩所謂始生朝畝暮已頃化一為百

無根淮是也亦有化生者蔡邕所謂魚子
在水中化成者是也初出土二三日即跳躍
趨之阜盛者也又三三日面畫赤又
六七日背生肉翅者也又七八日翅
成而飛先摩雪直上然後遠颺舉行舉
飛始終不散所向無不順風而行遇水即

一蝗蝻撲滅之後荒地巫須翻耕蓋蝗蟲遺
子多在板荒地內不行翻耕來年勢必
復出應令州縣於捕畢之後遍查未耕
荒地廣為出示勸諭農民盡力翻耕則土
中蝻子一經淺氣不能再生而翻出之子
仍許交官權買則無不樂為之矣春融之

後又得撺種定為一舉兩得再尤低窪
積水下濕之地仲秋以後漸漸涸出其中
或有魚蝦之子將來變化成蝻應一並督
辛耕犁以絕種類
乾隆己卯仲秋穀旦
淮陰太守李源記

捕蝗图册

清代（公元1644—1911年）
高23.6厘米，宽29.5厘米
共二十二开
中国国家博物馆藏

　　《捕蝗图册》系清乾隆二十四年（公元1759年），李源任江苏淮阴太守时，根据他率领当地人民捕灭蝗虫时总结的十则经验绘制而成。其十则为：翻耕盖蝗、扑捕飞蝗、用灯捕捉、收买蝗虫、放鸭吞蝗、挖沟驱入、芦帘围倚、空地围打、搜挖蝻子、五更捕蝗。首图翻耕盖蝗册页中，田间一头水牛正犁耕土地，以翻盖蝗卵。

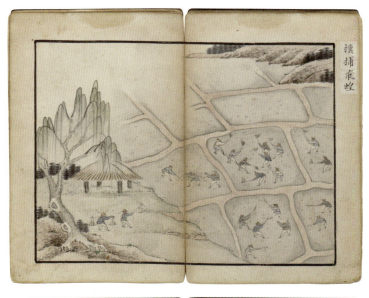

撲捕飛蝗

一生蝻之地依前法力行自不盡絕不致
飛颺該有飛蝗過境惟有多募人夫多
撥兵役廣置細竹手網並響竹等器飛
則用手網兜羅落則用響竹撲打人衆
勢盛自然不致停落尤在地方官實力
督率與兵民同其甘苦庶幾入覩

躍然須瞻顧田禾不許但顧撲蝗尚不
顧田禾恣意踐踏則蝗未盡而禾已盡及
不若不撲之為愈也

用燈

一夜間捕蝗更有用燈之法
一切飛蟲無不喜火光是以
飛蛾撲燈自滅故凡捕蝗蟲
停落之處應令分段設燈每
一盞用三四人守候使其躍至燈前
人于遠近驅擊

即可提捕此法宜用之前半
夜但不可用大火照耀恐其
驚散四逸勞勞無益也

收買蝗蟲

一收買飛蝗自古有之漢平帝時即
令以石斗計筭唐姚崇捕蝗取至十萬
石宋歐陽修詩亦有官錢二十買一斗之
句今亦定例每升給錢二文地方官務
須遵照設廠廣為收買隨到隨給如此
則零星停落之蝗可以不遺矣至凡跟隨

胥役等尤須責令印委各官隨時稽察
倘稍有藉端滋擾需索扣剋等樊立即
嚴行究治毋許寬貸

放鴨吞蝗

一蝻子初出土時如蟻如蚋聚于一處最易
捕獲須預委貟各派地方會同汛弁諭民
遍地搜索并戒弁貟毋得入地作踐毋
得需索農家飲食但勤勸督率一有
蠕動即用草排等器登時撲滅貟報蓋挖
掘容有禾盡而出土則無不見至于散入秋
田苗地不能遍撲者則多覓鴨子繼入地
内吞食仍即于地之四面開溝待其躍出
即盡除之庶幾不損禾稼

一蝻子出土未幾日即順風羣走時行時
歇捕之之法須多募人夫在下風一面開挖
長溝寬深三尺其溝宜直不宜曲宜陸不
宜陡溝内分段開挖土斗亦須勻驅入溝内
鏟削光滑然後用夫三面圍統驅入溝内
使漸歸土斗即令數十人夫立就斗踊
踊踹死挖趂另開大坑覆土實埋其溝
與土斗仍隨時修削光峻以待後用此法
所獲可無不盡當開溝末成之先應募人夫
成羣結聚不可撲散反致難捕所募人夫
每人每日例給錢十五文並另備粥食分賞
兵民以示鼓勵

一蝻未出土時即須預備缸盆蘆簾之物
倘蝻出而開溝不及先將缸盆當順風
之下審排以蘆簾圍倚缸傍用夫三面
緩緩驅之使其緣簾而上隨入缸中即
可取減以候溝成

空地圍打

一更須多備響竹草
排葦黑如蝻子淫室蛇
草灘之内生蝗如令人
支四面圍住齊力撲打
黄小然處一臭然而撲
打異撇工事齋全
必

搜挖蝻子

一善防患者恒於未然故治蝗必以蝻子
為先務凡土中有蝻子之處地面必有
小孔可尋又荒草蘆葦沮洳下濕之
地魚蝦之子變成蝻者不少應令州縣于
每年交春後分委佐雜在四鄉適中之地
設立歙厰責令地保莊頭勸諭農民廣為
搜掘送官收買每升例給錢十文積有成
敖州縣即行通報聽本府委員查點焚燒
俟事竣彙冊報銷此未兩綢繆之計總
在實力奉行必能事半功倍

五更捕蝗

一捕蝗最宜於五
鼓蓋停落之蝗力怯不能奮飛頃
沾濡露水趐軟於于鼓時
以盡殲無遺兩用人夫給錢
乘此候多車人夫細加搜捕
何須每日之例

陇亩耕耘毕，放牛水草边牧童

自闲适，树底正酣眠

己亥仲冬 西亭杨晋画

山水牧牛图

清代（公元1644—1911年）
杨晋
内芯高87.5厘米
内芯宽44.3厘米
轴宽73厘米
中国国家博物馆藏

　　画面远处山岭耸立，中部一条河流蜿蜒而去，近处岸边树下有一童子枕臂休憩，不远处有一头牛静静地俯首吃草。画面左上方有五言诗一首："陇亩耕耘毕，放牛水草边。牧童自闲适，树底正酣眠。"作者杨晋（公元1644—1728年），山水技法师从王翚，晚年喜画乡村景物，尤擅画牛，多写意。

老子出关图

清代（公元1644—1911年）
王云
外高269厘米
外宽74.3厘米
内芯高105厘米
内芯宽57.6厘米
轴宽85厘米
中国国家博物馆藏

　　画中人物造型富有意趣，神情毕现，灵活多变的线条与简单的渲染完美结合。云山雾绕之间使中国画对于空间的表现力空前丰富，从而大大突显出人物与牛的形象力度。老子骑坐的青牛是道教文化中的一个著名的意象，老子又被称为"青牛师""青牛翁"等。作者王云（约公元1652—1735年），字汉藻，康熙、雍正年间供职画院。

牧野山水图册

清代（公元1644—1911年）

袁江

内芯高34厘米，内芯宽14.5厘米；外高90厘米，外宽42.5厘米

中国国家博物馆藏

　　此套山水图册共十二页，以宋人笔法摹写山川、江渚、楼阁等内容，笔墨精微，意境幽远。"牧野"册页内容一为近处楼阁内有人休憩，山下柳枝摇曳，远景山坡处，一头牛在努力爬坡。另一册页画面中远处为起伏的山峦，近处有几株茂盛的树木，画面前方一农夫骑牛，手牵身后另一头牛。作者袁江（公元1662—1735年）善画工笔山水，精于楼阁界画，康雍乾时均有名气。

艺笔新抒

　　清中期以降，随着欧洲与中国的往来日益密切，西方绘画体系影响了原有的中国画创作，带有透视的造型语言和强调写生的创作观念，拓展了传统绘画的表现力。此时的画家从强调笔墨意境转而关注笔下内容与现实的关系，创作的画作具有明显的时代性，身边的静物、窗外的风景与喧嚣的街道都吸引了画家的目光并带给他们创作的灵感。与人类息息相关的黄牛、穿梭在高原藏区的牦牛等为画家提供了灵感和素材，成为他们笔下的创作对象，或展现牛的劳作、休憩，或突出人与牛的和谐共处，成为近现代中国画创作中的重要题材之一。

嘉牧和她的小牛

中华人民共和国
石鲁
外高69厘米,外宽40.5厘米
内芯高35.9厘米,内芯宽27厘米
中国国家博物馆藏

此画作为铅笔速写,在表现人物及动物的神情、动作等方面有天然之妙,其造型准确、形象生动,使得浓郁的生活气息扑面而来。石鲁的特色作品以黄土高原为题材,构思巧妙,独具匠心,赢得广泛赞誉,他也因此被称为"长安画派"的创始人。

张村的秦川牛

中华人民共和国
石鲁
高40.5厘米，宽53.8厘米
中国国家博物馆藏

　　牛是石鲁画作的常见题材之一。石鲁绘风犷率硬
朗，大胆激进，开一代风气之先，其作品个性鲜明，
后期作品融画、诗、书为一体，曾有"黑、重、怪、野"
之喻。这件画作用笔朴实自然，构图简洁但结构清晰，
看似杂乱，实则乱中有序，笔笔到位。

初生之犊

中华人民共和国
石鲁
高47.5厘米, 宽35厘米
中国国家博物馆藏

此幅作品表现层次丰富, 墨色滋润, 把小牛结实的筋肉、坚韧的皮毛、蓬松的松毛都细致地表现出来, 形象朴实自然, 极富感染力。整幅作品用笔酣畅淋漓, 韵味十足, 画出了小牛的精、气、神。

藏原犇犇

中华人民共和国
吴作人
外高237厘米，外宽150厘米
内芯高68.5厘米，内芯宽140.4厘米，轴宽161厘米
中国国家博物馆藏

  牦牛是吴作人画作的常见题材。他画的奔牦寄托了自己的精神和理想，蕴含着深刻的人文精神和个人情感，反映了作者对生活的热爱和对人格力量的赞美，体现了一种现实主义的时代精神。作者以水墨画笔法淋漓尽致地展现出牦牛勇敢顽强、倔强不屈的性格，给人以刚劲之美的享受。

牧归图

中华人民共和国
赵俊生
外高25厘米, 外宽145.5厘米
内芯高17厘米, 内芯宽138厘米
中国国家博物馆藏

　　此作品笔墨所到之处趣味横生, 作者通过夸张
的意向造型与现代构图语言, 将孩童放牧生活的意
趣蕴于绘画细节处。看似率意为之的笔法, 却将人物
的性格特征表现得淋漓尽致。

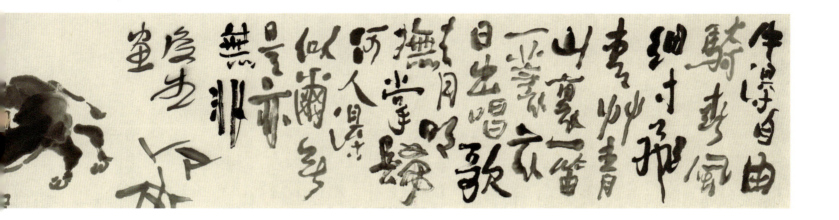

雪山牦牛图

中华人民共和国
周抡园
外高74厘米，外宽41.2厘米
内芯高66.3厘米，内芯宽33.7厘米
中国国家博物馆藏

　　此作品以古拙、稳健、沉着、浑厚为突出特色。画风苍劲浑厚，构图章法变化多端，色彩运用大胆奇特。在笔墨语言上，从古法的笔情墨趣，到生活实景的朴实描绘，再到拓展色彩和笔墨的融合、升华，在片片白云缭绕之中虚实掩映，昭彰艺术本色。

成阿道上牦牛队

中华人民共和国
周抡园
外高53.2厘米，外宽88.8厘米
内芯高36.9厘米，内芯宽57.8厘米
中国国家博物馆藏

此作品画面中既有牦牛队，又有辛勤劳作的人民，反映了川西林道建设的艰辛过程，也体现了汉藏民族之间的深情厚谊。

应物象形

雕塑也是牛文化最重要的艺术表达方式之一。自古以来，以"牛"为主题的青铜、陶瓷、玉石器具和摆件、挂件都是较为常见的立体造型艺术品。在礼仪、信仰背景下，牛的早期立体造型大多较为严肃庄重。汉唐以来，随着世俗社会的持续发展，许多牛的雕塑造型日益呈现出活泼生动、意趣盎然的风格倾向。雕塑的内容通常有童子骑牛、卧牛和牧牛场景等。此类雕塑传世较多，一般尺寸较小，便于携带以供观赏把玩，塑造的内容简洁明了，突出意趣和观赏性。在现代雕塑中，高昂的牛角和劲健的身躯给人以昂扬向上的印象，其巨大的体型和丰富的内涵成为艺术创作的重要题材，艺术家运用或具体或抽象、或写实或夸张的手法对牛进行多元化的塑造。

三彩牧童骑牛

清代（公元1644—1911年）
高6.8厘米，长7.3厘米
中国国家博物馆藏

　　此件陶塑童子身着绿衣，面部白嫩，牛身体呈赭黄色，牛角与鼻子涂黑，极富巧思。牛的性格温顺，即便是童子和牛的共处也较为融洽，牧童伏在黄牛的背上，营造出和谐温馨、意趣十足的画面。

白玉卧牛

清代（公元1644—1911年）
长5厘米，宽3厘米，高2.8厘米
中国国家博物馆藏

青玉牛

清代（公元1644—1911年）
长5厘米，宽3.5厘米，高3.4厘米
中国国家博物馆藏

青玉卧牛

清代（公元1644—1911年）
长5.2厘米，宽3厘米，高2.5厘米
中国国家博物馆藏

青玉牧童骑牛

清代（公元1644—1911年）
长12厘米，宽6厘米，高9厘米
中国国家博物馆藏

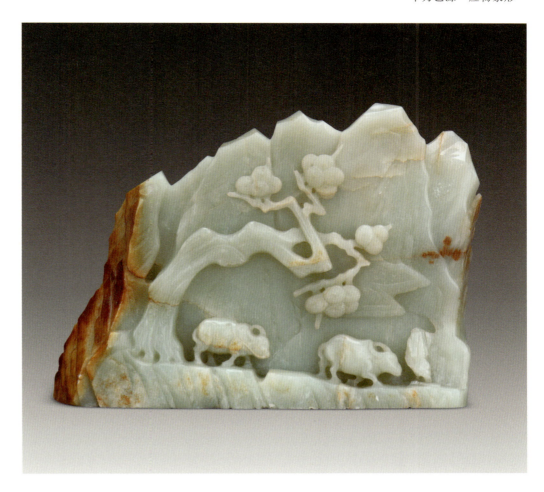

青玉牧牛山子

清代（公元1644—1911年）
长14厘米，厚3.5厘米，高17厘米
中国国家博物馆藏

青玉牧牛带饰

明代（公元1368—1644年）
长7.2厘米，宽5.8厘米，厚0.5厘米
中国国家博物馆藏

青玉牧牛带饰

明代（公元1368—1644年）
长7厘米，宽5厘米，厚0.4厘米
中国国家博物馆藏

青玉牛

清代（公元1644—1911年）
长9.4厘米，宽4.2厘米，高5厘米
中国国家博物馆藏

石膏牦牛像

中华人民共和国
刘开渠
长25.5厘米，宽13厘米，高19厘米
中国国家博物馆藏

　　此件牦牛轮廓简洁，躯体与四肢浑塑而成，具有极强的整体感和概括性，牦牛浑实有力的特点十分鲜明。刘开渠（公元1904—1993年）所创作雕塑融中西雕塑手法于一炉，风格写实，造型精练、生动。

春牛颂福

子丑更替之际，时值佳节，牛成为全国人民吟咏、颂福的媒介。在吉庆祥和的节日气氛中，人们欣辞旧岁，喜迎新春。新的一年，我们期待着一元复始，万象更新；期待着和顺致祥，幸福美满；期待着山河锦绣，国泰民安。新的一年，我们将迎来另一个春天的故事，也即将续写新的时代华章。新的一年，我们将甘当孺子牛，勇任拓荒牛，争做老黄牛，脚踏实地，开拓创新，艰苦奋斗，在全面建设社会主义现代化国家新征程上奋勇前进。

铜牛

2011年
韩美林
长154厘米，宽53厘米，高77厘米
中国国家博物馆藏

紫气东来·老子出关铜像

2012年
吴为山
长150厘米，宽55厘米，高99厘米
中国国家博物馆藏

青藏牦牛
八十年代三进
藏区平生风记
忆犹新

辛丑牛年
誉画牦牛
徐里作北

京润可
轩时商
之六言朗
气清之
时一禅

牦牛是高
寒地区特
有珍稀
牛种体
壮大全
身是宝

青藏牦牛

2021年

徐里

高45厘米，宽68厘米

吉祥牛

2021年
潘鲁生
高45厘米，宽34厘米

《张安道乐全堂》诗意图

2020年

卢禹舜

高68厘米，宽45厘米

孺子牛

2016年
刘万鸣
高32厘米，宽48厘米

境遇

2020年

田黎明

高95厘米，宽46厘米

雲峰霜白早春
細雨烟
樹空巖
昔日陽
朔景色
龍瑞

早春图

2021年
龙瑞
高69厘米，宽46厘米

耕牛人家

2021年

杨晓阳

高57厘米，宽45厘米

夕阳归牧雨初晴

2020年
李翔
高136厘米，宽68厘米

高原清风

2021年

张江舟

高64.7厘米，宽47.3厘米

高原行旅图

2020年
纪连彬
高51厘米，宽68厘米

老广有一怪，人不穿鞋牛穿鞋

2020年
李宝林
高66厘米，宽49.5厘米

帕米尔风情

2021年
杜滋龄
高96厘米，宽114厘米

春牛图

2020年

吴悦石

高68厘米，宽44厘米

牛转乾坤

2020年
吴悦石
高68厘米，宽44厘米

三牛图

2014年

杜大恺

高40厘米，宽54厘米

岂畏践霜寒堕趾

2021年
赵建成
高69.3厘米，宽47.1厘米

林深黄犊健

2021年
陈传席
高68厘米，宽46厘米

孺子牛

2021年

范扬

高43厘米，宽24厘米

四月桑田

2021年

陈孟昕

高51厘米，宽73厘米

望春图

2021年

何加林

高51厘米，宽72厘米

迎新

2021年
范存刚
高69厘米，宽34.5厘米

十万良田待牛耕

2021年
刘罡
高68厘米，宽45.5厘米

牛事如意

2021年
崔东湑
高66厘米，宽44厘米

春暖

2021年

马硕山

高46厘米，宽70厘米

紫乔

2021年

熊广琴

高66厘米，宽44厘米

祥瑞图

2021年
赵建军
高63厘米，宽44厘米

惠风和畅

2021年

石峰

高48厘米，宽72厘米

青云直上

2021年
谭斐
高68厘米，宽43厘米

牛耕沃野青山秀，雪映红梅小院香

2021年

孙晓云

高137厘米，宽22.7厘米

腊尽春回久晴花竞放，云收日照初暖柳争妍

2021年

苏士澍

高178厘米，宽31.5厘米

浩莽寰球值厄运，诸邦应识塞翁马
文明古国逢新年，大匠甘为孺子牛

2021年
范曾
高137厘米，宽35厘米

牛耕千野绿，鹊鸣一庭春

2021年
吴为山
高176厘米，宽31厘米

丰稔黄牛志，富强赤子情

2021年
夏湘平
高176厘米，宽31厘米

春雨九州辞旧岁，桑田万顷待牛耕

2021年
孙伯翔
高178厘米，宽37厘米

履道惟艰知倔犟，拓荒不倦任辛劳

2021年
陈洪武
高179厘米，宽32.5厘米

不说老子西关紫气，但述前生玉帝麒麟

2021年
郑晓华
高178厘米，宽34厘米

人驭金牛奔盛世，心随紫燕舞新春

2021年

李刚田

高178.5厘米，宽39.5厘米

翠柳摇风燕织锦，红桃沐雨牛耕春

2021年

杨军

高176厘米，宽31厘米

春晶时和景泰，牛犇虎跃龙骧

2021年

晁岱双

高176厘米，宽47厘米

惠风和畅新时代，紫气东来大有为

2021年

高秀清

高171.4厘米，宽43.8厘米

牛角掛書

飲犢上流

牛刀小試

繭絲牛毛

牛馬風塵

買牛息戈

水牛過河

帶牛佩犢

汗牛充棟

目牛遊刃

怒衝斗牛

元

牛角之歌

問牛及馬

牛渚泛月

鯨吸牛飲

牛郎織女

眠牛乘馬

放牛歸馬

目無全牛

齊王舍牛

犁牛之子

氣壯如牛

参考文献

专　著

云南省博物馆编：《云南晋宁石寨山古墓群发掘报告》，文物出版社，1959 年。

[宋] 李昉：《太平御览》，中华书局，1960 年。

[唐] 张彦远著，秦仲文、黄苗子点校：《历代名画记》，人民美术出版社，1963 年。

[唐] 房玄龄等：《晋书》，中华书局，1974 年。

[唐] 柳宗元：《柳宗元集》，中华书局，1979 年。

中国社会科学院考古研究所编著：《唐长安城郊隋唐墓》，文物出版社，1980 年。

谢桂华、李均明、朱国炤：《居延汉简释文合校》，文物出版社，1987 年。

睡虎地秦墓竹简整理小组编：《睡虎地秦墓竹简》，文物出版社，1990 年。

中国大百科全书总编辑委员会《农业》编辑委员会、中国大百科全书出版社编辑部编：《中国大百科全书·农业》，中国大百科全书出版社，1990 年。

中国大百科全书总编辑委员会《生物学》编辑委员会、中国大百科全书出版社编辑部编：《中国大百科全书·生物学》，中国大百科全书出版社，1991 年。

中国农业博物馆编：《中国古代耕织图》，中国农业出版社，1995 年。

宋长宏：《中国牛文化》，民族出版社，1997 年。

王树村：《中国民间年画》，山东美术出版社，1997 年。

张增祺：《滇国与滇文化》，云南美术出版社，1997 年。

张增祺：《滇文化》，文物出版社，2001 年。

朱铸禹：《中国历代画家人名词典》，人民美术出版社，2003 年。

中国国家博物馆编：《中国国家博物馆馆藏文物研究丛书：绘画卷·风俗画》，上海古籍出版社，2007 年。

江川县文化局、玉溪市文物管理所、云南省文物考古研究所编：《江川李家山：第二次发掘报告》，文物出版社，2007 年。

俞剑华注释：《宣和画谱》，江苏美术出版社，2007 年。

俞剑华：《中国美术家人名辞典》，上海人民美术出版社，2009 年。

中国国家博物馆编：《中华文明——〈古代中国陈列〉文物精萃》，中国社会科学出版社，2010 年。

李零：《十二生肖中国年》，生活·读书·新知三联书店，2020 年。

论 文

山西省文物管理委员会：《山西长治唐墓清理简报》，《考古通讯》1957 年第 5 期。

张正岭：《西安韩森寨唐墓清理记》，《考古通讯》1957 年第 5 期。

河南省文化局文物工作队：《河南方城盐店庄村宋墓》，《文物》1958 年第 11 期。

云南省博物馆：《云南江川李家山古墓群发掘简报》，《文物》1972 年第 8 期。

云南省博物馆：《云南江川李家山古墓群发掘报告》，《考古学报》1975 年第 2 期。

郭沫若：《释支干》，收入《郭沫若全集·第一卷·甲骨文字研究、殷契余论、安阳新出土的牛胛骨及其刻辞》，科学出版社，1982 年。

武汉市博物馆：《湖北武昌马房山隋墓清理简报》，《考古》1994 年第 11 期。

王道瑞：《"春牛芒神图"及古代的迎春活动》，《历史档案》1986 年第 2 期。

卢昉：《隋至初唐南方墓葬中的生肖俑》，《南方文物》2006 年第 1 期。

王贵元：《十二生肖来源新考》，《学术研究》2008 年第 5 期。

王蔚波：《浅论商周青铜器的牛首装饰艺术》，《收藏家》2009 年第 3 期。

李菁叶：《睡虎地秦简与放马滩秦简＜日书＞中的十二兽探析》，《南都学坛（人文社会科学学报）》2011 年第 9 期。

师瑞玲：《浅谈六畜驯化的相关问题》，《农业考古》2016 年第 6 期。

尹钊、李根、张继超：《花钱中的十二生肖和十二地支考》，《江苏钱币》2016 年第 3 期。

杨燕：《谈谈馆藏北魏陶牛车和古代牛车》，《文物天地》2016 年第 11 期。

王加华：《教化与象征：中国古代耕织图意义探释》，《文史哲》2018 年第 3 期。

买发元、华雯：《魏晋时期牛车形制研究》，《大众文艺》2018 年总第 20 期。

冯鸣阳：《宋代＜耕织图＞的产生、图像变化及政治功能》，《中国美术研究》2019 年第 4 期。

俞方洁、李勉：《从图像看滇文化中的古印度文明因素》，《形象史学》2019 年第 2 期。

周宁：《浅谈唐墓中的十二生肖俑——以新疆博物馆和陕西历史博物馆馆藏生肖俑为例》，《文物鉴定与鉴赏》2019 年第 6 期。

王加华、郑裕宝：《海外藏耕织图的绘制、收藏与价值分析——以元代程棨、明代宋宗鲁与清康熙三版本为核心的探讨》，《艺术与民俗》2020 年第 3 期。

陈侃理：《十二时辰的产生与制度化》，《中华文史论丛》2020 年第 3 期。

赵玉亮：《中国国家博物馆藏〈豳风时序歌图卷〉探究》，《文物天地》2021 年第 8 期。

谢云冲：《从文学作品中"牛郎织女"传说的演变看文化的传承发展》，《文化与传播》2020 年第 2 期。

宋康年：《反映民俗文化的八卦纹十二生肖花钱》，《收藏》2020 年第 12 期。

图书在版编目（CIP）数据

牛事如意：辛丑牛年迎春文化展 / 王春法主编. – 北京：北京时代华文书局, 2021.9
ISBN 978-7-5699-4313-9

Ⅰ.① 牛… Ⅱ.① 王… Ⅲ.① 十二生肖—牛—文化 Ⅳ.① K892.21

中国版本图书馆CIP数据核字(2021)第151660号

项目统筹
余　玲

责任编辑
丁克霞
余荣才

责任校对
徐敏峰

装帧设计
郭　青
邓瑞平

中国国家博物馆展历史文化系列丛书

牛 事 如 意
辛丑牛年迎春文化展

NIU SHI RUYI
XINCHOU NIUNIAN YINGCHUN WENHUA ZHAN

主　编：王春法
出版人：陈　涛
出版发行：北京时代华文书局（http://www.bjsdsj.com.cn）
地址：北京市东城区安定门外大街138号皇城国际A座8层
邮编：100011
发行部：010－64267120 010－64267397
印制：北京雅昌艺术印刷有限公司 010－80451188
开本：635mm×965mm 1/16　印张：10.25　字数：100千字
版次：2021年10月第1版　印次：2021年10月第1次印刷
书号：978－7－5699－4313－9
定价：420.00元